CATALOGUE

DES

OUVRAGES IMPRIMÉS

DE LA

BIBLIOTHÈQUE MUNICIPALE

DE METZ

par

AIMÉ SCHUSTER

Conservateur de la Bibliothèque,
Professeur de physique et de chimie à l'Ecole industrielle,
Ex-professeur de physique aux Collèges de Lorient,
de Montbéliard, &c.

SIXIÈME FASCICULE

METZ
IMPRIMERIE VERRONNAIS, RUE DES JARDINS, 14
1883.

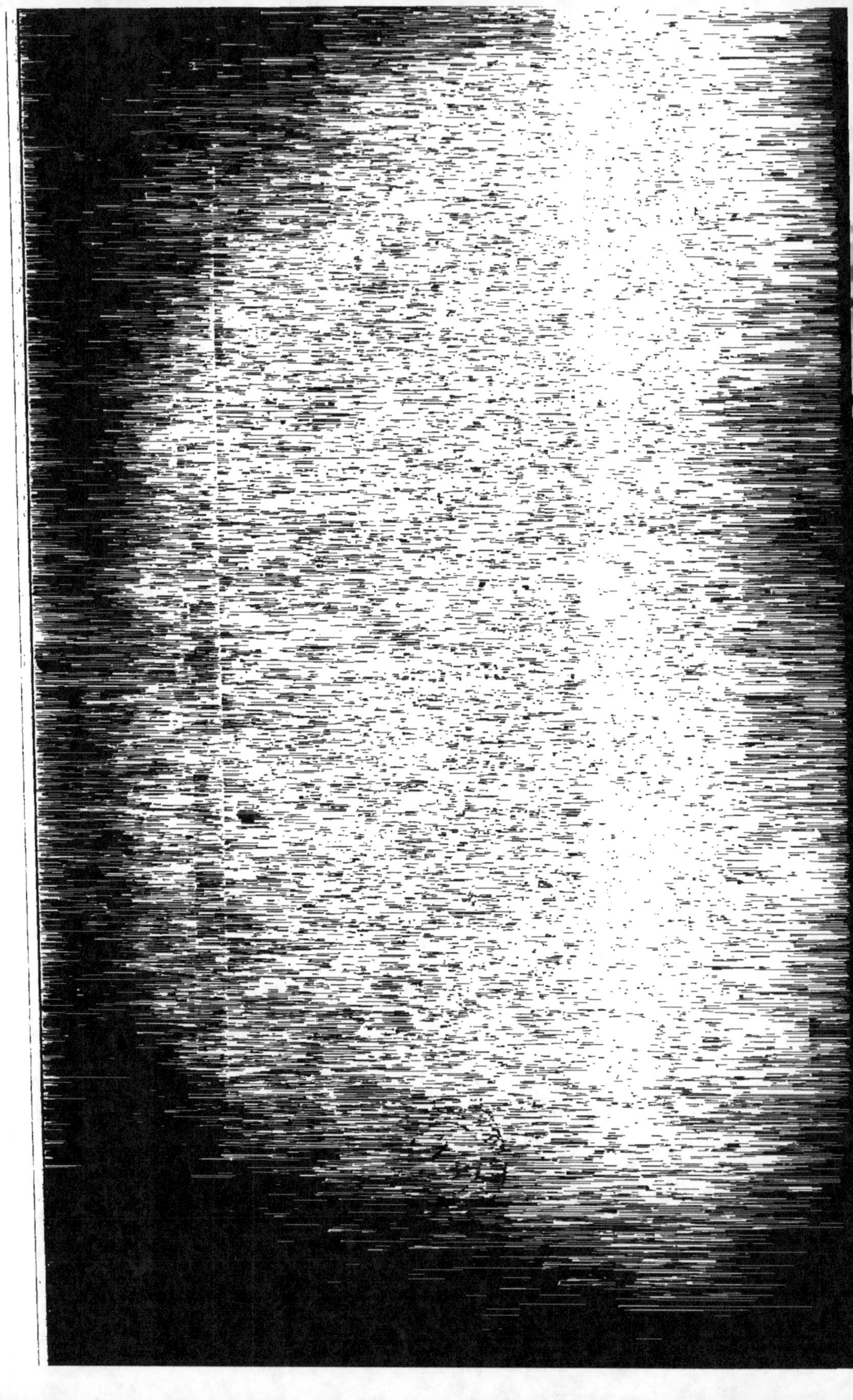

CATALOGUE

DES

OUVRAGES IMPRIMÉS

DE LA

BIBLIOTHÈQUE MUNICIPALE

DE METZ

par

AIMÉ SCHUSTER

Conservateur de la Bibliothèque,
Professeur de physique et de chimie à l'Ecole industrielle,
Ex-professeur de physique aux Collèges de Lorient,
de Montbéliard, &c.

SIXIÈME FASCICULE

METZ

IMPRIMERIE VERRONNAIS, RUE DES JARDINS, 14

1883

TABLE DES MATIÈRES

Avis au relieur.

On devra enlever ces tables particulières à chaque fascicule et ne laisser qu'une table générale à la fin du volume.

Metz, imp Verronnais, (Fischer succ.)

CATALOGUE

DES

OUVRAGES IMPRIMÉS RELATIFS A L'HISTOIRE DE METZ

ET DU PAYS MESSIN

SECTION VI

Géologie, Minéralogie et Paléontologie du département.

1063. Valerius Lotharingiæ ou Catal. des mines, terres, fossiles, sables et cailloux qu'on trouve en Lorraine et dans les *Trois-Évéchés*, par Buc'hoz.

Nancy, Lamort, 1768. In-12.

1064. Catalogue des Roches du département de la Moselle, — suivi de quatre dialogues sur les formations du pays Messin, — pour servir d'introduction à la géologie populaire, par Fournel.

Metz, Verronnais, 1837. In-18. 36 pp.

1065. Description géologique et minéralogique du département de la Moselle, par M. E. Jacquot, ingénieur en chef des Mines, — avec la coopération de MM. O. Terquem et Barré (carte par M. Reverchon, Voir le N° 1057.)

Paris, Impr. Simon Raçon et Cⁱᵉ, 1868. 1 vol. In-8. (A la suite de la page 466, se trouve un Appendice bibliographique et chronologique des travaux géol. et minéral. publiés sur la Lorraine et sur le pays Messin) *

1066. Aperçu géologique du départ^t. de la Moselle, par C. Fridrici, professeur aux Écoles municipales supérieure et industrielle de Metz, Membre de la Société d'hist. naturelle du département de la Moselle et de la Société entomologique de France etc.

Metz, Impr. F. Blanc, 1862. 1 vol. In-12 avec fig. dans le texte·

1067. Description des terrains qui constituent le sol du départ. de Meurthe-et-Moselle, par A. Braconnier, ingénieur au corps des Mines.

Sᵗ Nicolas, Impr. N. Collin, 1879. 1 vol. petit In-8.

1068. Aperçu sur la Géologie du département de la Moselle, présenté à la 5ᵉ session du congrès scientifique de France, (par V. Simon).

Metz, Impr. Lamort, 1838. Broch. In-8 de 8 pp. (Extrait des Mém. de l'Acad. de Metz).

---

* On trouvera aussi dans la Statistique de la Moselle, publiée sous la direction de M. de Chastellux, une étude sur la Géologie et la Minéralogie du départ. de la Moselle par M. E. Jacquot, ingénieur au corps impérial des Mines, vice-président de l'Académie de Metz.

Metz. Typ. de Pallez et Rousseau, 1854. 136 pp. In-8 (3ᵉ partie de la Statistique).

1069. Notice sur la Géologie du département de la Moselle par M. Victor Simon....... (Extrait de l'Austrasie.)

Metz, Typ. Rousseau-Pallez, 1861. Broch. In-8 de 11 pp.

1070. Aperçu sur la Géologie des environs de Sarrelouis, d'Oberstein et de Berncastel, — par Victor Simon.

Metz, Typ. de Dembour et Gangel, s. d. Broch. In-8 de 14 pp.

1071. Notice sur les amas de minerai de fer pisolithique de la côte d'Arry, — par M. Victor Simon.

Metz, F. Blanc, 1859. Broch. In-8 de 6 pp. (Extraite des Mémoires de l'Acad. de Metz, année 1858-59.)

1072. Observations sur les derniers temps géologiques et sur les premiers temps humains dans le dép. de la Moselle, par V. Simon.

Metz, Verronnais, 1851. Br. In-8 de 19 pp. extr. des Mém. de la Société d'histoire naturelle de la Moselle.

1073. Notes sur des couches redressées au pied de la côte Saint-Quentin près Metz, par M. V. Simon

Metz, Verronnais, 1846. Br. In-8 de 15 pp. (extr. des Mém. de la Société d'histoire naturelle de la Moselle).

1074. Mémoire sur le Lias du dép. de la Moselle, par Victor Simon.

Metz, S. Lamort, 1836. Br. in-8 de 28 pp. extr. des Mém. de l'Acad. de Metz.

1075. Aperçu des chances plus ou moins favorables d'obtenir des puits artésiens dans la Moselle, présenté à l'Académie par M. Victor Simon.

Metz, Impr. Lamort, 1836. (Extrait des Mémoires de l'Académie royale de Metz, année 1835-1836,) Broch. In-8 de 8 pp.

1076. Description de la partie de la formation oolithique qui existe dans le département de la Moselle, par M. V. Simon.

Metz, Lamort, 1833. Br. in-8 de 40 pp. (Extr. des Mém. de l'Acad. de Metz).

1077. Itinéraire géologique et minéralog. dans les départ. de la Moselle, du Haut-Rhin, du Bas-Rhin, des Vosges, de la Meurthe.... par M. Victor Simon.

Metz, Lamort, 1830-31. (Br. In-8 de 18 pp. ext des Mém. de l'Acad. de Metz)

1078. Itinéraire géologique et minéralogique de Metz à Sarrelouis...... (par V. Simon)

Metz, Lamort, 1832. In-8º de 19 pp. (Extr. des Mém. de l'Acad. de Metz.)

1079. Notice sur les causes présumées de la configuration actuelle du Jura, par M. Victor Simon.

Metz, Impr. Verronnais, 1843. Broch. In-8 de 5 pp.

1030. Les couches de jonction *(Grenzschichten)* du Trias et du Lias dans la Lorraine et dans la Souabe;

leur continuité de l'Ardenne au Morvan. . . . . .
par M. Levallois, Inspecteur général des Mines. .

Paris, F. Savy, 1865. In-8. p. 385 à 440 du Bull. de la Soc. géol. de France avec pl. lith.

1081. Mémoire sur le gisement du sel gemme dans le département de la Moselle et sur la composition générale du terrain du Muschelkalk en Lorraine, par M. J. Levallois, Ingénieur en chef des Mines.

Nancy, Grimblot et veuve Raybois, 1846. (Extrait des Mém. de la Société royale des sciences, Lettres et Arts de Nancy.) broch. In-8 de 29 pp.

1082. Recherches du prolongement du bassin de la Sarre (Notes sur les), par Jacquot, Ingénieur des Mines.

Br. In-8. de 42 pp. ext. des Annales des Mines, 5ᵉ série, Tome XI, pages 107 et suiv. avec une planche.

1083. Etudes géologiques sur le pays Messin, ou nouvelles recherches sur le prolongement du bassin de la Sarre au-dessous de la partie centrale du département de la Moselle, — par E. Jacquot, Ingénieur des Mines.

Br. In-8º de 127 pp. ext. des Annales des Mines, 5ᵉ série, Tome XI. 1 planche.

1084. Mémoires sur les mines et les minières de fer de la partie occidentale du départ. de la Moselle par M. Eug. Jacquot, ingʳ. des Mines.

Paris. Carillan-Gœury et Vict. Dalmont. Br. In-8. de 57 pp. extr. des Annales des Mines, 4ᵉ série, T. XVI, avec 3 planches.

1085. Note sur le terrain bathonien de la Moselle et de la Meuse — par MM. Terquem et Jourdy.

Paris, Blot, In-8. (Ext. du Bull. de la Société géol. de France, 2e série, T. XXVI, p. 947 à 973.)

1086. Paléontologie du département de la Moselle par O. Terquem.

Metz, Rousseau-Pallez, 1855. Br. In-8 de 40 pp. (Ext. de la statistique de la Moselle de M. de Chastellux.)

1087. Paléontologie de l'étage inférieur de la formation liasique de la province de Luxembourg et de Hettange, département de la Moselle, par O. Terquem.

Paris, L. Martinet, 1855. (Extrait des Mémoires de la Société géologique de France, T.V, 2o partie), 1 vol. In-4o avec planches.

1088. Recherches sur les foraminifères de l'Étage moyen et de l'Étage inférieur du Lias, par O. Terquem.

Metz, Blanc, 1862. In-8 avec planches. (Mém. de l'Acad. de Metz)

1089. Le Lias inférieur de l'Est de la France, par MM. O. Terquem et Ed. Piette.

Paris, Savy, 1865. In-4o.

1090. Monographie de l'Étage Bathonien dans le départ. de la Moselle, par O. Terquem et E. Jourdy.

Paris, F. Savy, 1869. In-4o extr. des Mém. de la Soc. géol. de France, 2e série, Tome IX.

1091. Foraminifères du syst. oolithique. (Quatrième mémoire sur les), par M. O. Terquem.

Paris, Savy, 1874. In-8.

1092. Bulletin de la Société géologique de France, (Extraits du) contenant :

1o Recherches sur les foraminifères du Bajocien de la Moselle.
2o Observations sur l'étude des foraminifères.

par Terquem.

Meulan, impr. de A. Masson, 1877. 2 broch. g^d. In-8o, l'une de 23 pp. l'autre de 4 pp. avec 1 planche pour chacune.*

Zoologie, Botanique et Annexes.

1093. De l'apparition et du développement de la Vie sur le globe — Conférence faite à l'hôtel de ville de Metz par le Docteur D. Riolacci, Membre titulaire de la Société d'Anthropologie de Paris, etc.

Metz, impr. F. Blanc, 1868. Brochure in-8 de 20 pp.

1094. La théorie de Darwin. — Conférence faite à l'hôtel de ville de Metz le 25 Janvier 1868, par le Docteur D. Riolacci, Membre titulaire de la Société d'Anthropologie de Paris, etc.

Metz, Impr. F. Blanc, 1868. Brochure in-8 de 23 pp.

---

* MM. Daubrée et Delesse, tous deux de Metz, ont fait de nombreux travaux sur la Minéralogie et la Géologie. Mais ces travaux se rapportant à des contrées autres que le pays Messin, devront être mentionnés ailleurs.

1095. Unité de l'espèce humaine d'après M. de Quatrefages, démonstration offerte aux membres de l'association scientifique de Metz, par un membre de cette association (M. *Lemercier-Mousseaux*.) — Extrait du Moniteur de la Moselle du 26 Février 868.

Metz, V. Maline, 1869. Broch. in-8 de 11 pp. (Couv. imprim. servant de titre.)

1096. De la place de l'homme dans la création. — Conférence faite à l'hôtel de ville de Metz par le Docteur D. Riolacci.

Metz, impr. F. Blanc, 1868. Brochure in-8 de 23 pp.

1097, Notice sur l'Origine de l'homme, par M. le Docteur Haro, Membre de l'Acad. impériale de Metz.

Metz, F. Blanc, 1868. (Extrait des Mémoires de l'Académie impériale de Metz, année 1867-1868.) Broch. in-8 de 22 pp.

1098. Essai sur l'homme considéré comme animal... Etude de physiologie comparée, par le P. Bach, professeur d'histoire naturelle au collège St Clément de Metz.

Metz, Verronnais, 1870. Broch. in-8 de 30 pp.

1099. Notions de physiologie animale, par C. Fridrici professeur aux Ecoles municipales supérieure et industrielle de Metz. Membre de la Société d'histoire naturelle du dép. de la Moselle et de la Société

entomologiqne de France. Deuxième édition aug-
,mentée de la classification du règne animal.

Metz, Sidot frères, 1870. — Impr. de Ch. Thomas — 1 vol.
in-18 de 189 pp.

1100. Histoire naturelle des Écoles primaires par
Ad. Lasaulce, Directeur de l'Ecole normale prim.
de Metz, Membre de la Société d'histoire naturelle
de la Moselle et de l'Académie de Metz. (Trois
parties: Botanique, Minéralogie et Zoologie.)

Metz. Warion, 1853. 3 vol. in-12.

1101. Cours d'histoire naturelle, conforme au
programme de l'Université, par H. Fournel, professeur au collège royal et à l'école industrielle de
Metz. . . . Zoologie.. . avec six planches.

Metz, H. X. Lorette, 1844. 1 volume in-8.

1102. Ephémérides naturelles du pays Messin, par
le R. P. Bach, S. J., de l'école Saint-Clément.

Metz, V. Maline, 1867. 1 vol. in-8.

1103. Société d'histoire naturelle de la Moselle
(Bulletin de la)

Metz, Verrounais, années 1843 et suivantes. Publication in-8
dont 15 cahiers out paru jusqu'en 1880. Il y a une table générale
des matières contenues dans les 12 premiers cahiers.

1104. Aldrovandus Lotharingiæ, ou Catalogue des
animaux, quadrupèdes, reptiles, oiseaux, poissons,
insectes, vermisseaux et coquillages qui habitent

la Lorraine et les Trois-Evêchés par P. J. Buc'hoz anc. Méd. Botaniste Lorrain et de feu S. M. le roi de Pologne, etc.

Nancy, C. S. Lamort, 1760. 1 volume in-12.

1105. Faune du département de la Moselle par J. Holandre, Bibliothécaire et Conservateur du Musée d'histoire naturelle de Metz. — Animaux vertébrés Mammifères, oiseaux, reptiles et poissons.

Metz, Thiel, 1836. 1 vol. in-12.

1106. Faune de la Moselle, ou manuel de Zoologie contenant la description des animaux libres ou domestiques observés dans le dép. de la Moselle; ouvrage rédigé d'après la méthode de Cuvier, par D. H. L. Fournel, Professeur d'histoire naturelle et de botanique de la ville de Metz....

Metz, Verronnais, 1836. 2 vol. in-12.

1107. Zoologie du département de la Moselle, par M. Alfred Malherbe, Vice-Président du Tribunal de 1 instance, Président de l'Académie impériale de Metz. — (Extrait de la Statistique de la Moselle, ouvrage administratif.)

Metz, typ. de Pallez et Rousseau, 1854. Broch. in-8 de 118 pp. comprise dans le recueil factice intitulé : « Mélanges d'histoire naturelle par Alfred Malherbe».

1108. Recherches sur la faune des Gaules et sur les origines qui s'y rapportent — par le P. Bach, professeur au collège St Clément de Metz

Metz, Rousseau-Pallez, 1868. in-8.

1109. Notice sur les musaraignes des environs de Metz et sur quelques autres genres d'animaux de ce même pays, communiquée à l'Acad. royale de Metz le 30 Octobre 1836, par J. Holandre, Bibliothécaire et conservateur du cabinet d'Histoire naturelle de la ville de Metz, etc.

Metz, Dosquet, 1836. In-8 de 11 pp. (Extrait des Mémoires de l'Académie de Metz, année 1836-1837, 2me partie.)

1110. Notes sur quelques espèces de picinées par M. Alfred Malherbe. — Extrait des travaux de la Société d'histoire naturelle, 1849-1850.

Metz, Verronnais, 1851. Broch. in-8 de 16 pp.

1111. Monographie des picidées ou histoire naturelle des picidées, picumninés, yuncinés ou torcols....... par Alf. Malherbe, Conseiller à la cour impériale de Metz, Administrateur du Muséum de la ville, Président de la Soc. d'hist. nat. de la Moselle, etc.

Metz, typ. de J. Verronnais, 1861. 3 vol. in-folio dont un de planches coloriées.

1112. Mélanges d'histoire naturelle par M. Alfred Malherbe. — Recueil factice comprenant 8 brochures ou travaux publiés de 1839 à 1854.

Metz, Verronnais, S. Lamort et autres, 1839-1854. 1 vol. in-8.

1113. Monographie du Chardonneret par Nérée Quépat.

Paris, Auguste Goin, libraire-éditeur, 1873. — Imprimerie Jouaust, Brochure in-8 de 46 pp. — M. Nérée Quépat est aussi l'auteur d'un ouvrage intitulé : « Ornithologie parisienne ou catalogue des oiseaux sédentaires et de passage qui vivent à l'état sauvage dans l'enceinte de la ville de Paris. »

1114. Monographie du Cini (*Fringilla Serinus, Linné*) par Nérée Quépat, Membre de la Société Linnéenne de Bordeaux, de la Société d'Histoire naturelle de Toulouse, etc. — Avec deux planches.

Paris, Librairie de J. B. Baillières, 1875. Imprim. de E. Martinet. In-8 de 60 pp.

1115. Extrait des Mémoires de l'Académie de Metz. Discours prononcé dans la séance publique du 31 Mai 1830 par M. le Bon Marchant, Président. — Des Abus de la chasse aux Oiseaux.

Metz, Lamort, 1830. Broch. in-8 de 15 pp. imprimée sur papier vert.

1116. La chasse au Miroir, — Manuel du tireur d'alouettes par un praticien [*V. Vaillant*].

A Metz, à l'imp. A. Rousseau et Cie éditeurs, 1874. Broch. de 56 pp. et 1 planche.

1117. Encyclopédie illustrée du sportsman. — Nérée Quépat. — Le chasseur d'Alouettes au miroir et au fusil. (Dédié à M. Charles Pêcheur, de Woippy.)

Paris, Librairie centrale d'agriculture et de jardinage.--Auguste Goin, éditeur. Evreux, A. Hérissey, imp. — In-12 de 107 pp.

1118. Une chasse au miroir dans le pays Messin —
en 187., — par E. A. de Lazarque.

Metz, C. A. Carrère, 1878. Brochure in-8 de 32 pp.

1119. Lettre à Monsieur le Rédacteur en chef de la
Gazette de Lorraine au sujet de l'exercice de la
chasse au filet par Nérée Quépat.

Metz, Gazette de Lorraine, 1883. Brochure in-'8 de 8 pp.

1120. Note sur l'emploi du Mouvant à la chasse au
filet par Nérée Quépat.

Metz, Gazette de Lorraine, 1882. Brochure in-12 de 4 pp.

1121. Notices sur plusieurs espèces de poissons non
décrites du genre Cyprin observées dans le dép. de
la Moselle — communiquées à la Soc. d'histoire
naturelle de Metz, le 27 Avril 1837, par J. Holandre,
Bibliothécaire et Conservateur du cabinet d'histoire
naturelle de la ville de Metz....

Metz, imp. de Ch. Dosquet, 1837. In-8 de 4 pp.

1122. Révision des poissons qui vivent dans les cours
d'eau et dans les étangs du Dépt de la Moselle,
par J. B. Géhin... (Extrait du Bull. de la Société
d'hist. nat. de la Moselle, année 1868).

Metz, Verronnais, 1868. in-8 de 106 pp.

1123. Inventaire des Crustacés du cabinet d'histoire
naturelle de la ville de Metz, par M. Bellevoye. —

Extrait du XIIme Bulletin de la Société d'histoire naturelle du département de la Moselle.

Metz, Jules Verronnais, 1870. Brochure in-8 de 22 pp.

1124. Note à propos de la pourpre, par M. Ernest de Saulcy, ancien élève de l'école polytechnique, lieutenant de Vaisseau, Membre de l'Acad. de Metz et de la Soc. d'hist. nat. de la Moselle.

Metz, J. Verronnais, 1855. Broch. in-8 de 7 pp. (Extr. du Bulletin de la Société d'histoire naturelle du départ. de la Moselle.)

1125. Note sur l'Ampullaire œil d'Ammon, *Ampullaria effusa (Lamarck)*, par M. E. de Saulcy. Extrait du Bulletin de la Société d'histoire naturelle, année 1849-1850.

Metz, Verronnais, 1851. Brochure in-8 de 11 pp. et 1 planche lithographiée.

1126. Catalogue de la collection conchyliologique du Musée de la ville de Metz, par M. C. Fridrici. conservateur du Musée d'histoire naturelle.

Metz, J. Verronnais, 1874. Brochure in-8 de 92 pp.

1127. Catalogue des insectes coléoptères observés dans les environs de Metz, par M. J.-B. Géhin Pharmacien à Metz, Membre adjoint du jury médical de la Moselle, etc. (Extrait des Bulletins de la Société d'histoire naturelle de Metz, années 1845 et 1846.)

Metz, Verronnais, 1847. in-8 de 110 pp.

1128. Catalogue des coléoptères de la collection de J.-B. Géhin, Pharmacien à Metz... etc.. 2e fascicule Dytisciens. — Gyriniens.

Metz, typog. de Gangel, 1852. Brochure in-8 de 24 pp.

1129. Catalogue synonymique des Coccinelliens observés dans le départ. de la Moselle par J.-B. Géhin. — Deuxième édition. Extrait du Bulletin de la Société d'histoire naturelle de la Moselle.

Metz, Jules Verronnais, 1855. Broch. de 16 pp. in-8.

1130. Observations sur les mœurs de plusieurs espèces de coléoptères qui vivent sur les plantes aquatiques et qui n'avaient été trouvées que très-rarement dans le département de la Moselle par Ad. Bellevoye.

Dons divers faits au cabinet d'hist. nat. de Metz et descript. des espèces nouvelles qu'ils contiennent. Extrait du XIIe Bulletin de la Société d'histoire naturelle du département de la Moselle.

Metz, Impr. de J. Verronnais, 1870. Brochure in-8 de 30 pp. avec une planche. Cette brochure renferme une description d'une nouvelle espèce d'orthoptère, (le *Platyphyllum giganteum*) — par M. Gustave Warion.

1131. Mœurs des Anthrenus qui vivent aux environs de Metz, par M. Bellevoye. (Extrait du XVe Bulletin de la Société d'histoire nat. de Metz, 2e partie). — Invasion de Vanessa Cardui en 1879 suivie de l'éclosion de qqs coléoptères, — par le même. — Plantes insectivores, par le même.

Metz, Imp. J. Verronnais, sans date. Broch. in-8 de 16 pp.

1132. Catalogue des Hémiptères du dép. de la Moselle — par Ad. Bellevoye, Membre de l'Acad. de Metz et de la Société entomologique de France — Extrait du 10ᵉ Bulletin de la Société d'Hist. nat. du dép. de la Moselle.

Metz, Verronnais, 1866. Brochure in-8 de 40 pp.

1132bis. Note sur le Gibbium scotias (mai 1881). — Nouvelles observations sur les Anthrenus (13 juillet 1882), par A. Bellevoye.

Metz, Verronnais, s. d. Broch. in-8 de 7 pp.

1133. Mémoires sur les Abeilles, nouvelle manière de construire les ruches en paille et la façon de gouverner les Abeilles. . Nouvelle édition... par M. Bienaymé, Evêque de Metz......

Metz, chez Collignon, an 12, (1803) in-8 de 76 pp. 2 planch.

1134. Éducation de Vers à soie et plantation de muriers dans les environs de Metz, par M. T. Adam, Propriétaire à Moulins-lès-Metz, élève des Bergeries royales et membre de la Société Séricicole de Paris.

Metz, Verronnais, 1841. In-8 de 25 pp.

1135. Insectes utiles. — Quelques essais de sérici-
culture dans le dép. de la Moselle,—par J. B. Géhin..
(Extrait du 9ᵐᵉ Bulletin de la Société d'histoire
naturelle de Metz.)

Metz, typ. de Jules Verronnais, 1860. Broch. In-8 de 51 pp.

1136. Catalogue des lépidoptères ou papillons observés et recueillis aux environs de Metz par M. J.
B. J. Holandre, ancien Bibliothécaire de la ville —
Disposés d'après la méthode de Latreille dans l'Hist.
nat. des Papillons de France, etc.

Metz, Verronnais, 1849. Br. in-8 de 24 pp. (Extrait des
travaux de la Société d'Histoire naturelle de la Moselle.)

1137. Insectes nouveaux ou rares dans les environs
de Metz. — Insectes vivant sur les tilleuls de l'Es-
planade de Metz. — Notice sur Gustave Warion
(entomologiste) — par Ad. Bellevoye, Membre de
la Société entomologique de France, de la Soc. d'hist.
nat. de Metz, etc. — Extr. du XIVᵉ Bull. de la Soc.
d'hist. nat. de Metz.

Metz, typ. de J. Verronnais, 1876. Brochure in-8 de 33 pp.

1138. Notes pour servir à l'histoire des insectes
nuisibles à l'agriculture dans le dép. de la Moselle,
par J. B. Géhin, pharmacien de 1ʳᵉ classe, etc.
Numéro 1. — Introduction.

Metz, Rousseau-Pallez, 1857. Br. In-8 de 23 pp,

1139. Notes pour servir à l'histoire des insectes nuisibles à l'agriculture, à l'horticulture et à la sylviculture dans le dép. de la Moselle, — par J. B. Géhin, Membre de plusieurs sociétés savantes nationales et étrangères. — N° 3. Insectes qui attaquent les poiriers. Première partie. — Coléoptères, — Extrait du 8ᵉ Bulletin de la Société d'histoire naturelle du département de la Moselle ; 1856-1857.

Metz, J. Verronnais, 1857. Brochure in-8 de 123 pp.

1140. Notes pour servir à l'histoire des insectes nuisibles dans le dép. de la Moselle. — N° 4. — Quelques insectes des ormes et des peupliers. par J.-B. Géhin. (Extrait du Bulletin des Comices.)

Metz, F. Blanc, 1860. Brochure in-8 de 24 pp.

1141. Notes pour servir à l'histoire des insectes nuisibles à l'agriculture à l'horticulture et à la sylviculture dans le dép. de la Moselle, par J.-B. Géhin... N° 5. Insectes qui attaquent les poiriers. — Deuxième partie — Orthoptères. — Névroptères. — Thysanoptères. — Hyménoptères. — Hémiptères. — Homoptères. — Diptères. — Extrait du 9ᵉ Bulletin de la Société d'Histoire naturelle du dép. de la Moselle ; 1860.

Metz, J. Verronnais, 1860. In-8 de 222 pp.

1142. Galle des feuilles du poirier (Lettre sur la), — Adressée à la Société d'horticulture de la Moselle par J.-B. Géhin, Pharmacien de 1ʳᵉ classe, etc.

(Extrait du Journal de la Société d'horticulture de la Moselle).

Metz, Pallez-Rousseau, 1856. Br. in-8 de 7 pp.

1143. Exposition d'une méthode propre à résoudre avec précision diverses questions de Statistique botanique par M. du Colombier, Directeur du télégraphe. — (Extrait du 8e Bulletin de la Société d'Histoire naturelle de la Moselle).

Metz, J. Verronnais, 1857. Brochure In-8 de 30 pp. avec 1 planche lithographiée.

1144. Tournefortius Lotharingiæ, ou Catalogue des plantes qui croissent dans la Lorraine et les Trois Evêchés, rangées suivant le système de Tournefort avec les endroits où on les trouve le plus communément, — par Me P. J. Buc'hoz, Docteur en médecine, Médecin ordinaire du roi de Pologne, Aggrégé (*sic*) et Démonstrateur en Botanique au Collège Royal des Médecins de Nancy, Membre des Académies de Mayence, de Metz et de Rouen.

A Nancy, de l'imprimerie de C. S. Lamort, sans date, [1763] — 1 volume In-12.

1145. Traité historique des plantes qui croissent dans la Lorraine et les Trois Evêchés, contenant leur description, leur figure, leur nom....... etc....., Par Me. P. J. Buc'hoz, Avocat au Parlement de Metz, Docteur en Philosophie et en Médecine, Aggrégé (*sic*) du Collège Royal des Médecins de Nancy.

Nancy, P. Messin, 1762. 10 volumes in-12.

1146. Enumeratio plantarum circa Metas sponte nascentium quas in continuis fere itineribus collegit et summo studio cum celeberrimorum auctorum descriptionibus et iconibus rite redegit L. Hanin ad usum lycœi metensis alumnorum.

Metis, Collignon, 1806. In-4 28 p. A cet opuscule est réunie une pièce signée Holandre le jeune et adressée à Monsieur Hanin relativement à l'opuscule précédent. Cette pièce est de deux pages et demie In-4°.

1147. Flore de la Moselle ou manuel d'herborisation précédé d'un Aperçu géol. sur le départ. et d'éléments abrégés de botanique, par J. Holandre, bibliothécaire et conservateur du Musée d'hist. naturelle de Metz....

Metz. Mme Thiel, 1829. 2 vol In-12

1148. Flore de la Moselle (Nouvelle), ou Manuel d'herborisation dans les environs de Metz principalement. 2e édition......... par J. J. Holandre conserv^r. du Musée d'hist. naturelle.

Metz, Verronnais, 1842. 2 vol. In-12.

1149, Notice sur les graminées qui croissent naturellement dans le dép. de la Moselle comme plantes fourragères..... par M. Fournel, professeur au Lycée de Metz et à l'Ecole industrielle de la même ville.

Metz. Lamort, 1837. In-8 de 8 pp. (Extrait des Mémoires de l'Académie royale de Metz, année 1836-1837).

1150. Monographie des hépatiques du dép. de la Moselle, faisant suite à la Flore de la Moselle par le Dr. J.-P. Kremer, pharmacien-major, Membre de la Société botanique de France, etc.... 2me édition revue et augmentée.

Metz, typ. J. Mayer, 1863. Br. In-8 de 51 pp.

1151. Notice sur les champignons des prés, bois..... du département de la Moselle, avec l'indication des espèces bonnes, douteuses, etc.
(par J. B. Kremer.)

Metz, Imprimerie de S. Lamort, s. d. In-8 de 6 pp. (Extr. de l'*Utile*, journal de Metz), avec une planche lithographiée par Demhour.

1152. Tableaux des champignons observés dans les environs de Metz..... par MM. Fournel et Haro Membres de l'Acad. royale de Metz et de la Société d'Histoire natur. de dép. de la Moselle.

Metz, typ. de S. Lamort, 1838. In-8 de 47 pp.

1153. Tératologie végétale. Anomalies observées dans la tulipe de Cels D. C..... par le Docteur J.-P. Kremer, pharmacien-major, etc.

Metz, — Décembre 1864. — Impr. J. Mayer. — Brochure In-8 de 6 pp.

1154. Revue des collections composant en 1857 le le Muséum d'histoire naturelle de la ville de Metz, par les Conservateurs Malherbe, Terquem, Joba, Monard et Taillefert.

Metz, Verronnais, 1857. In-8 de 47 pp. (Extrait du 8e bulletin de la Société d'histoire naturelle de la Moselle).

1155. Catalogue des plantes cultivées en 1868 1869 au nouveau jardin Botanique de Metz à Frescatelly, par J.-B. Géhin, Membre de la commission municipale chargée de la surveillance des jardins et promenades publiques de Metz. (Extrait du Bulletin de la Société d'histoire naturelle de la Moselle, année 1868).

Metz, J. Verronnais, 1868. Broch. in-8 de 115 pp

1156. Dictionnaire des Jardiniers... par Philippe Miller... Ouvrage traduit de l'Anglois..... par M. de Chazelles, Chevalier, conseiller du roi en ses conseils, Président à Mortier au Parlement de Metz...... Avec des notes... par M. Holandre conseiller aulique.... etc....

Paris, Guillot, 1785. 8 volumes in-4°, plus 2 volumes de supplément. Voir les Nos 704 à 710 inclusivement du Catalogue des Manuscrits de la Bibliothèque de Metz. Ce sont des œuvres manuscrites et coloriéés par M. de Chazelles se rattachant au même sujet.

1157. Fleurs peintes par M. Joseph de Chazelles (Ouvrage manuscrit qu'on n'a pas cru devoir séparer du précédent.)

Album colorié in-4° de 89 planches.

1158. Traité des arbres résineux conifères, extrait et traduit de l'Anglois de Miller..... par M. le Baron de Tschudi, citoyen de Glaris, Bailli de Metz, Capit. au Régt. Suisse de Jenner, de l'Acad. roy. des sciences et des Arts de Metz ....

Metz, Collignon, 1768. 1 vol. in-8.

1159. Catalogue des arbres qu'on peut se procurer dans les pépinières de Colombé, près de Metz, accompagné d'indications sur leur culture et leur transplantation, par M. le baron de Tschudy, Bourgeois de Glaris.

Metz, Collignon, Nov. 1816. 1 vol. in-8.

1160. Essai sur la Greffe de l'herbe des plantes et des arbres par M. le baron de Tschudy, bourgeois de Glaris.

Metz, Antoine, 1819. Broch. in-8 de 60 pp.

1161. Eléments théoriques et pratiques d'arboriculture, particulièrement appliqués au département de la Moselle, rédigés par F. M. Chabert, — Ouvrage destiné aux classes laborieuses des campagnes. — (Publié par les soins de la Société d'horticult. de la Moselle.)

Metz, typ. de Rousseau-Pallez, 1858. Brochure in-8 de 66 pp.

1162. Aperçu rétrospectif des travaux et de l'influence morale de la Société d'horticulture dans le département de la Moselle de 1843 à 1860. Rédigé par M. F. M. Chabert, secrétaire-général de la Société, Membre titulaire de l'Acad. imp. de Metz, etc.

Metz, typ. de Rousseau-Pallez, 1861. Brochure in-8 de 24 pp.

M. Chabert a aussi publié une Biographie de quelques horticulteurs messins : Go[ull]hier, — Pirolle, — Holandre, — Fournel, — J. F. Soleirol, mentionnée au 1er fascicule, Nᵒ 207.

1163. Société d'horticulture du dép. de la Moselle. — Cours public et gratuit de culture fruitière et maraîchère dans les campagnes, — Année 1863. — Communication faite à la Société d'horticult. du dép. de la Moselle — par M. F. M. Chabert, et approuvée dans sa séance du 24 janvier 1863.

Metz, V. Maline, 1863. Broch. in-8 de 22 pp.

1164. Pépinières, Serres et Graines des frères Simon-Louis.... Extrait et 3ᵉ supplt du catal. première partie — Nomenclature générale des collections fruitières et d'arbres et arbustes d'ornement. Jeunes plants d'arbres, etc.

Metz, F. Blanc, 1867 et 1868. Brochure petit in-4ᵒ de 49 pp.

1165. Catalogue général, descriptif et raisonné des espèces et variétés de fruits composant les collections de l'établissement horticole des frères Simon-Louis pépiniéristes.... première et dernière parties.

Metz, F. Blanc, 1868 et 1869. 2 Broch. in-8 l'une de 95 pp. et l'autre de 119 pp.

1166. Pépinières, serres et graines des frères Simon-Louis cultivateurs..... Cinquième partie — Plantes annuelles, bisannuelles et vivaces, graminées, ornementales. Plantes à fruit d'agrément.

Metz, Nouvian, sans date. Broch. in-8 de 27 pp.

1167. Guide pratique de l'Amateur de fruits — Description et culture de plus de 5000 variétés de fruits classées par séries de mérite composant les collections pomologiques de l'établissement horticole des frères Simon-Louis à Plantières-lès-Metz .. par O. Thomas sous-directeur des pépinières.*

Nancy, E. Réau, 1876. 1 vol in-8.

Bibliographie médicale Messine.

1168. Le cadet d'Apollon, *nay, novrry* et *eslevé* sur les *Ramparts (sic)* de la fameuse citadelle de Metz, pendant la contagion de l'année passée, 1625. Endoctriné des meillevrs préceptes des plus excellents Médecins, et plus experts Chirurgiens. Povr s'opposer à la fvrie de la plus cruelle maladie du genre humain, qui est la Peste. Présenté à Messieurs de la ville de Metz, par maistre M. Roland, leur très affectionné concitoyen, Chirurgien stipendié du Roy et de ladicte Ville.

---

* Note.—Pour l'agriculture, la sylviculture et quelques ouvrages sur la culture des arbres fruitiers. se reporter aux N°s 786, 787.... et suivants, pages 155, 156.... (4e fascicule.)

Très-vtil pour se preserver de Peste, ou s'en guérir en *estant attaint* *

Imprimé à Vic, (1626) par Claude Felix, Imprimeur de Monseigneur l'Evesque de Metz. Auec approbation et Priuilege. 1 vol. petit in-8 de 70 pp.

1169. Traité de la Maladie de la rage, par J. Ravelly médecin stipendié de la ville de Metz.... (Avec dédicace à Messieurs les Maire Maître Echevin perpétuel et Conseillers échevins de la Ville de Metz.)

Metz, J. Collignon, 1696. 1 vol. In-12.

1170. Statuts en forme d'annexes, du Corps et Communauté des Maîtres chirurgiens de la ville de Metz, et l'arrest de la Cour du Parlement, pour l'Homologation. En l'année 1720.

A Metz, chez Jean Antoine, Imprimeur et marchand-libraire demeurant au coin de la place d'Armes, à Saint Jean l'Evangéliste (1720). Broch. in-4º de 22 pp.

1171. Dissertation sur la maladie épidémique qui règne dans plusieurs villages du *Païs Messin* et lieux circonvoisins, avec la cure d'icelle et les remèdes préservatifs dont on doit se servir, — par M. C. G. Pacquotte, Docteur et Professeur, en la faculté de médecine de l'Université de Pont-à Mousson.

Pont-à-Mousson, I. L. Bouchard, et Cl. A. Michard. (1729). In-12 de 45 pp.

---

* On a conservé l'orthographe du titre.

1172. Article et règlement pour les *Apoticaires (sic)* de la ville de Metz.

A Metz, de l'Imprimerie de Joseph Antoine, 1758. Broch. petit in-4° de 12 pp.

1173. Mémoire sur l'inoculat. de la petite vérole par M. Mangin, docteur en médecine de l'Univ. de Montpellier, membre titul. de la Société roy. des sciences et des arts de la ville de Metz.

A Metz, chez Joseph Antoine, 1769. Broch. In-8 de 46 pp.

1174. Avis au public sur l'usage du bris d'avoine comme aliment aussi sain et plus économique que le pain ordinaire, publié par ordre du conseil municipal de Metz, par M. Wacquant, correspondant de la Soc. roy. de Médecine de Paris, Médecin de l'Hôpital militaire et des Pauvres de la ville de Metz.

Metz, Collignon. 1790. Broch. In-8 de 40 pp.

1175. Remarques nouv. sur la vaccination par Salomon Polonus, Docteur en médecine et chirurgie, Médecin conseiller du ci-devant Roi de Pologne.....

Metz, de l'impr. de Verronnais, 1804. Broch. in-12 de 21 pp.

1176. De typho qui inter magni exercitus gallici milites grassatus est. Dissertatio quam illustri medicorum ordini in alma universitate litteraria Viadrina pro gradu doctoris, summisque in medicina et chirurgia honoribus rite obtinendis, mense augusto 1808 obtulit auctor F. T. Maillefer Brieyensis lotharingus.

Francf. ad Viadrum e typographeo Apitziano. s. d. in-8 de 28 pp.

1177. Arrété du Maire de la Ville de Metz, qui ordonne l'impression et la publication d'un rapport et d'une instruction du Comité de vaccine sur la pratique de la vaccination, et sur l'effet qu'elle a de préserver de la petite vérole. Du 2 octobre 1819.

Metz, Lamort, 1819. Broch. in-8 de 29 pp.

1178. Arrété du Maire de la ville de Metz qui prescrit des précautions pour arrêter les progrès de la petite vérole; Du 11 octobre 1819 (signé : Turmel, Maire, Lemaire secrétaire de la ville, approuvé pour le Préfet absent par le conseiller de préfecture délégué, de Tinseau.)

Metz, Lamort, 1819. Brochure In-8 de 7 pp.

1179. Sciences médicales de la Moselle (Exposé des travaux de la Société des.....)

Metz, Verronnais, 1821-1869. 25 vol. in-8º.

1180. Rapport de la Commission nommée par les médecins de la ville de Metz, pour l'examen des questions relatives à une nouvelle organisat. médic. proposée par le Ministre de l'intérieur...... signé Marchand, Willaume, Fristo, Maréchal fils, Rampont, Brault, Scoutetten.

Metz, Impr. d'Hadamard., 1829. In-8 de 37 pp.

1181. Hémicranie due à la présence d'une scolopendre dans un des sinus frontaux.— Observ. communiq. par Félix Maréchal, Docteur-Médecin..... à la Soc. des sciences méd. du dép. de la Moselle.

Metz, Verronnais, 1830. Broch. In-8 de 8 pp. avec 1 planche lith. par Dupuy.

1182. Discours sur la médecine militaire prononcé le 11 Décembre 1834 dans la séance publique de la distrib. des prix de 1834 à l'hôp. milit. d'instruct. de Metz,— par J. J. Pascal, Docteur en médecine... Membre de la Société des sciences médicales de la Moselle.

Paris, J. B. Baillière.

Metz, Impr. de Wittersheim. 1835 Broch. In-8 de 43 pp.

1183. Choléra morbus (Mémoire sur le) 1° Ses causes ; 2° ses symptômes ; 3° son traitement par J. P. Etienne, curé de Corny.

Metz, Ch. Dosquet, 1835. Broch. In-8 de 36 pp.

1184. Mémoire sur le choléra-morbus qui a régné épidémiquement à Metz, et lieux circonvoisins, pendant l'année 1832, par J. J. Pascal, Docteur en médecine de la faculté de Paris. médecin ordinaire de l'hôpital militaire d'instruction de Metz......

Metz, imp. de P. Wittersheim.

Paris, J. B. Baillière, 1836. In-8 de 321 pp. réuni à diverses autres brochures sur le choléra.

1185 Magnétisme animal (Expériences sur le) par J B. E. Defer, Docteur en médecine.

Metz, Imp. de Ch. Dosquet, 1838. Broch. in-8 de 32 pp.

1186. Choléra. — Rapport statistique et médical sur l'épidémie du choléra qui a régné à Metz et dans le départ. de la Moselle, en 1832, par F. Maréchal.

Metz, Verronnais, 1839. In-8.

1187. Strabisme (Examen du) et du bégaiement par E. Defer, docteur en médecine.

Metz, typ. de Dembour et Gangel, 1841. Broch. In-8 de 45 pp.

1188. Compte-rendu de cent quatre-vingt-cinq opérat. de strabisme pratiq. à Nancy par C. l. F. Carron du. Villards, Docteur-médecin.... recueillies et publiées par L. Paul D. M.

Metz, chez l'auteur, 1842. In-8⁰ de 14 pp.

1189. Epidémie dyssentérique (Mémoire sur l') — qui a régné (en 1841) à Arnaville, Bayonville etc. par Napoléon Henry d'Arnaville, Médecin.

Pont-à-Mousson, Impr. d'A. Simon, Broch. in-8 de 8 pp. (1842 ?).

1190. Notice sur l'Oxyde rouge de mercure employé à l'extérieur...... par le Dr J. Ibrelisle.

Metz, Verronnais, 1846. In-8 (Extr. de l'exp. des trav. de la Soc. des sciences médic. de la Moselle).

1191. Des eaux de sources et de la Moselle considérées sous le rapport historique, hygiénique et industriel — (par Félix Maréchal, Edmond Puel et Langlois).

Metz, S. Lamort, 1847. Br. in-4⁰ de 19 pp.

1192. Société de pharmacie de la Moselle (bulletins de la), Année 1847.

Metz, typ. de Dembour et Gangel, In-8⁰ de 86 pp.

1193. Revue rétrosp. des cas judic. qui ont nécessité l'intervent. des méd. dans l'arrondᵗ de Metz, par MM. Isnard et S. Dieu.

Paris, Victor Masson. 1847. In-8 de 119 pp.

1194. Taille pratiquée à l'hôpital de Bon-Secours (Relation d'une opération de la) —par J.-B.-E. Defer, Docteur en médecine..... (Extrait de l'exposé des travaux de la Société des sciences médicales de la Moselle.)

Metz, J. Verronnais, 1847. Broch. in-8 de 12 pp.

1195. Comptes - rendus des travaux de la Société des sciences médicales de la Moselle pendant les années 1848-49, 1849-50, 1850-51, — par le Docteur Warin.

Metz, J. Verronnais, 1848-1851, 3 Br. In-8 de 31, 54 et 39 pp.

1196. Notice sur la carie des dents et sur l'emploi d'une liqueur alumineuse camphrée au chloroforme, par Delacour ch. dentiste success. de M. Loquin.

Metz, Dieu, 1848. In-8 de 12 pp.

1197. Chloroforme (Mémoire sur le).... par M. Hénot.

Metz, S. Lamort. 1849. In-8⁰ 32 pp.

1198. Injections iodées (Essai sur la valeur des), dans la thérapeutique chirurgicale — par J. B. E. Defer, docteur en médecine.... (Extrait des travaux de la Société des sciences médicales de 1848-1849.)

Metz, Verronnais, 1849. Broch. In-8 de 14 pp.

1199. Mémoire sur une disposition anatomique nouvelle de l'articulation coxo-fémorale suivi de quelques considér. qui en découlent au point de vue physiol. et pathol. par le Dr Isnard.

Paris, J. B. Baillière, 1849. In-8°.

1200. Considérations sur les épidémies, les endémies, les épizooties..... par D. Thibaut.

Metz, S. Lamort, 1849. 8° 104 pp.

1201. Tableau historique, chronolog. et médical des maladies endémiques, épidémiques et contag. qui ont régné à Metz et dans le Pays Messin, depuis les temps les plus reculés jusqu'à nos jours.
1re partie par le Dr Félix Maréchal Médecin des hôpit. civils de Metz... .
2e partie par les Drs Félix Maréchal, Maire de Metz.... et Jules Didion, Médecin des hôpit. civils de Metz....

Metz, Verronnais 1850 et 1861. 1 vol. in-8°.

1202. Hygiène. — Compte-rendu de la commiss. d'hyg. du cant. de Longwy pendant l'année 1849 — par le Dr Maillefer.

Metz, Dembour et Gangel, 1850. In-8 de 16 pp.

1203. Considérations sur les propriétés thérap. de l'arsenic par le Dr Ibrelisle.

Metz, Verronnais, 1850. In-8° de 71 pp.

1204. Conseil d'hygiène du dép. de la Moselle. Comptes-rendus des travaux.
Du 6 juin 1849, Au 29 Décembre 1869.

Metz, V. Maline, 2 vol. et 2 brochures In-8, 1851-1869.

1205. Etudes statist. sur la constit. médicale et la mortalité de la ville de Metz, pendant l'année 1850, par le Dr Emile Legrand.

Metz, Verronnais; 1851. In-8 de 67 pp.

(Ext. des trav. de la Société des sciences médicales de la Moselle).

1206. Revue des hôpitaux civils de Metz, — par le Dr Defer. Médecin des hôpitaux civils de Metz, Membre des sociétés de médecine de Metz, de Strasbourg et de Bruxelles.

Metz, Gangel, 1852 à 1857. 13 livr. In-8.

1207. Constitution médicale et mortalité de la ville de Metz pendant l'année 1851, par le Dr V. Saunois.

Metz, Verronnais, 1852. In-8 de 77 pp.

1208. Optique oculaire, Myopie, Presbytie, Amblyopie, Lunettes, par le Dr Defer, Médecin des hôpitaux civils de Metz.

Metz, typ. de Gangel, 1853. Broch. in-8 de 24 pp.

1209. Hygiène privée (Notions d') — à l'usage des dép. du N. E. de la France — par E. Grellois D^r en médecine.

Metz, Alcan, 1854. — Imprimerie J. B. Toussaint, 1 vol. In-12.

1210. Des Ulcérations du col de la matrice.... par le Dr Edmond Puel.

Metz, Verronnais. — Paris, Baillière, 1854. In-8 de 112 p.

1211. Dyssenterie qui règne épidém^t dans les dép^{ts} de la Moselle et de la Meuse (Notice sur la).... par le Dr Warin.

Metz, S. Lamort, s d. In-8° de 15 pp.
Voir le N° 1189.

1212. Scrofule à Metz (Des causes de la), notamm^t chez lez indigents de la 5e section, — par le D^r Em. Legrand.

Metz, Verronnais, 1857. (Extrait des trav. de la Soc. des sciences médicales). In-8. de 27 pp.

1213. Statistique (Rapport)..... sur la constit. médicale et la mortalité de la Ville de Metz pendant l'année 1854, par le Dr Michaux.

Metz, Verronnais, 1855. In-8. de 35 pp.

1214. Statistique (Rapport) sur la const. médicale et la mortalité de la ville de Metz pend^t. l'ann. 1855 par le Dr Didion.

Metz, Verronnais, 1856. In-8. de 36 pp.

1215. Etudes statistiques * sur la constitution médicale et la mortalité de la ville de Metz pendant
l'année 1860, par le Dr Warin.
Metz, J. Verronnais, 1861. in-8º de 24 pp.
(Extrait de l'exposé des travaux de la Société des sciences médicales de la Moselle).

1216. Statistiques ** (Etudes) sur la constit. médicale
et la mortalité de la ville de Metz pend. l'ann. 1864
par Jules Paté, D^r en méd.
Metz, Verronnais, 1865. In-8. de 46 pp.

1217. Hygiène publique (Compte-rendu des travaux du conseil central d') — et de salubrité du
dép. de la Moselle.... pendant les années 1863, 1864,
1865 et 1866, par J. C. Géhin. secrétaire du conseil,
Membre du Conseil municipal de Metz.
Metz, V. Maline, 1867. Broch. in-8 de 66 pp.

1218. Hygiène et la pathol. de l'enfance à Metz (Essai
sur l'), par le Dr V. Michaux, Présid. de la Soc. des
Sciences méd.
Metz, Verronnais, 1865. In-8. de 53 pp.

1219. Rapport à la Commission permanente d'hygiène
publique sur l'influence que les eaux stagnantes des
fossés des fortifications et celle que les autres cours

---

* Voir l'ouvrage du Dr Brault inscrit au Nº, 117, page 22 (1er fascicule)
Topog. phys. et médicale de Metz.

** N. Sur l'histoire médicale de Metz et du pays messin, On fera
bien de consulter aussi la section de la Statistique de M. de Chastellux
rédigée par M. le Dr Grellois et intitulée: Statistique médicale de la
Moselle, — et la tabl. des Mém. de l'Acad. de Metz. page 257, donnant
les titres des articles sur la Médecine, la physiologie et l'hygiène.

d'eau de la ville de Metz peuvent avoir sur la santé des habitants du voisinage. (Extr. de l'exposé des travaux de la Société des sciences méd. du dép. de la Moselle).

Metz, Verronnais, 1864. broch in-8 de 55 pp.

1220. Hygiène. — Rapp. de la comm. d'hyg. publ. sur l'utilité des citernes dans le dép. de la Moselle, par M. Terquem, anc. pharmacien.

Metz, Verronnais, 1858. In-8. de 12 pp.

1221. Rapport médical sur l'explosion du 17 septembre à l'arsenal d'artillerie de Metz.... par le Dr Warin........

Metz, Rousseau-Pallez, 1868. In-8º de 38 pp.

1222. Histoire médicale du blocus de Metz par E. Grellois, ex-médecin en chef des hôpitaux et ambulances de cette place, ex-médecin en chef d'armée, Commandeur de la légion d'honneur, Officier de l'instruction publique.

Paris, J.-B. Baillière. — Metz, Alcan, 1872. — Imp. E. Réau. 1 fort vol. In-8.

1223. Ambulances temporaires sous formes de baraquements, (Etude sur la construction des)...... par A. Demoget, Architecte-Ingénieur, ... avec un appendice médico-chirurgical par le Dr Brossard.

Paris, Cerf, 1871. — Imprimé chez Jules Bonaventure. 1 vol. In-8.

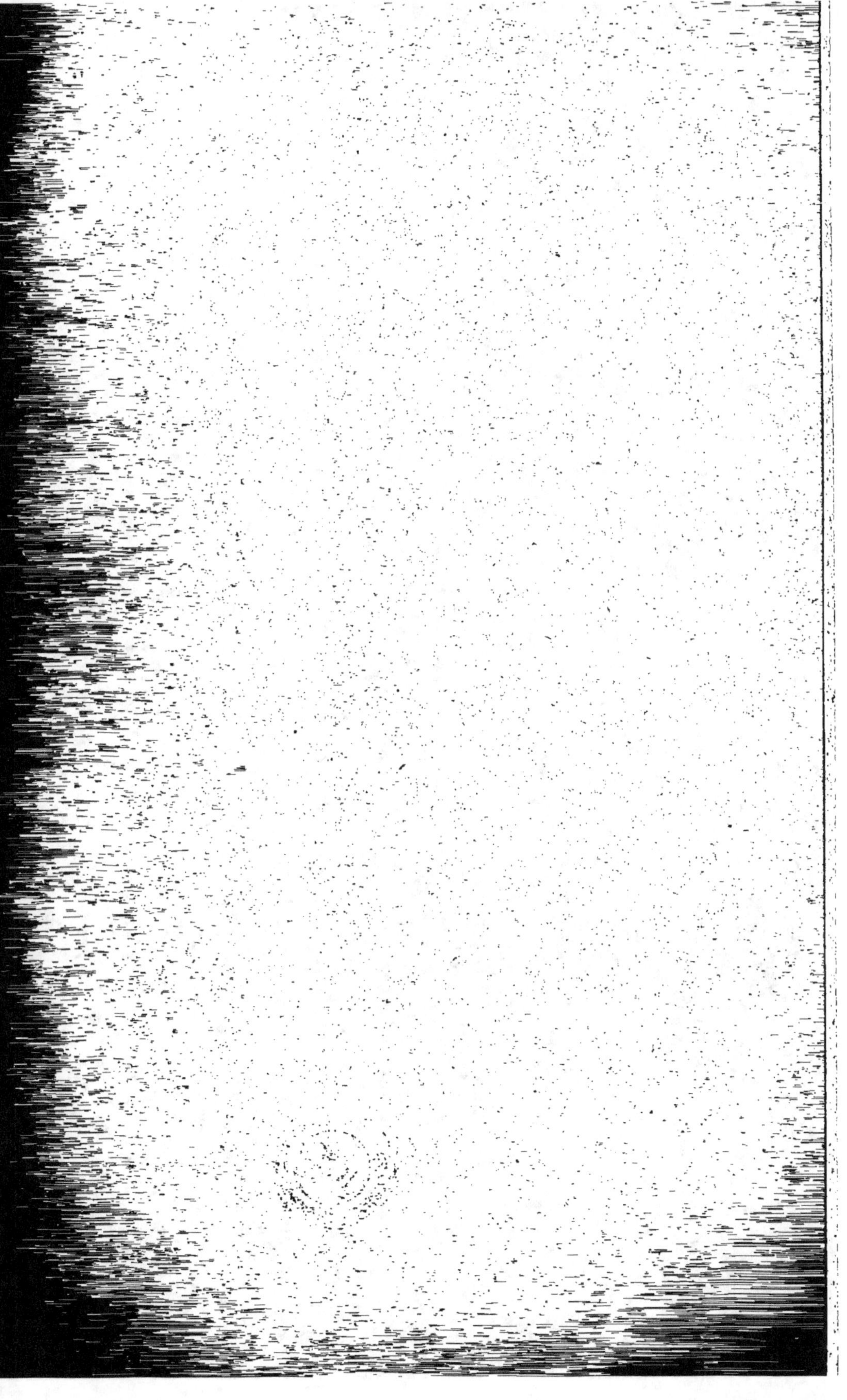